LE

R. P. JOSEPH-MARIE CALLENS

DE L'ORDRE DES FRÈRES-PRÊCHEURS

LE R. P. CALLENS

 Mon Très Révérend Père,

Vous avez eu la bonté d'annoncer la mort du R. P. Joseph-Marie Callens, ce religieux si regretté de la Province de Belgique; permettez-moi de vous envoyer quelques pages consacrées à sa chère mémoire, et de le faire connaître plus complètement aux lecteurs de l'*Année Dominicaine*.

Victor-Bruno Callens était né à Cuerne, près Courtrai, le 27 septembre 1847. Il avait achevé ses études d'humanités au collége épiscopal de Courtrai et y avait laissé les meilleurs souvenirs, lorsqu'il vint, au mois de septembre 1865, demander l'habit de Saint-Dominique au noviciat de Notre-Dame de la Sarte-lez-Huy.

On distingua bientôt les dons que Dieu lui avait prodigués. C'était une belle et riche nature ; une âme douée de cet esprit de foi, de cet élan, de cette ardeur passionnée pour le bien, qui font les grandes œuvres religieuses et les grands saints. Une piété simple et fervente, une préoccupation constante du bonheur du prochain, qui lui faisait souvent oublier le soin de lui-même et parfois un peu la prudence, un zèle ardent pour l'exactitude en tout et pour la splendeur de la maison de Dieu : voilà les qualités que fit épanouir son noviciat.

Admis aux saints vœux le 17 septembre 1866, il fut aussitôt envoyé au noviciat profés de Louvain, et commença les études avec la même ardeur. Mais bientôt, et à plusieurs reprises, la maladie le força à interrompre les efforts de son assiduité. Malgré ces épreuves, particulièrement pénibles pour un jeune religieux aussi désireux de se dévouer, il trouva moyen de poursuivre son travail assez pour développer une intelligence très vive et remarquable surtout par la lucidité et le jugement pratique.

Promu au sacerdoce le 11 juin 1870, il se vit immédiatement adjoint comme *socius* au R. P. Maître des novices profès. Mais une maladie nerveuse l'obligea à prendre de nouveau soin de sa santé et à déposer cette charge de confiance.

A peine ses études terminées, vers la fin de 1873, on le choisit pour veiller, comme Procureur, aux affaires de son couvent. Dire que l'on bâtissait alors à Louvain les vastes installations qui reçurent, douze ans plus tard, le chapitre général, et qu'on avait commencé l'œuvre avec beaucoup de confiance en Dieu, mais sans autres ressources assurées, c'est montrer assez que cette charge nouvelle n'était guère aisée. Il fallut prendre la besace du mendiant et s'en aller par toute la Belgique, et même à l'étranger, solliciter des âmes généreuses les aumônes nécessaires. Le jeune et dévoué Père n'hésita pas à s'imposer les fatigues énormes et les humiliations de cet ingrat métier. Il alla frapper à des milliers de portes, répétant sans cesse par le chemin sa prière favorite à la patronne de notre Province : *Rosa, soror nostra, bene sit nobis propter te, et vivat anima nostra ob gratiam tui;* et les portes s'ouvrirent, puis les cœurs, puis les bourses, et plus d'un de ceux qui le reçurent alors ont toujours depuis gardé le souvenir de cet aimable et habile quêteur.

Deux ans ne s'étaient pas écoulés dans ces difficiles fonctions que les suffrages de ses frères le placèrent à la tête du couvent de Tirlemont. Il eut beau se défendre en prétextant son âge (il n'avait pas vingt-huit ans), l'obéissance confirma le scrutin et l'obligea d'accepter la charge de Prieur. A peine y fut-il installé qu'il conquit toutes les sympathies ; son unique secret était « de se faire tout à tous, pour les gagner tous à Jésus-Christ. »

Aussi ce fut pour la ville entière une grande joie lorsque, trois ans plus tard, à l'expiration de son Priorat, on apprit que le Révérendissime Père Sanvito, Vicaire général de l'Ordre, avait, sur leur demande unanime, autorisé les religieux à élire le même Prieur une seconde fois, sans attendre l'intervalle requis par les constitutions entre deux élections dans le même couvent.

Ces six années furent fécondes en œuvres, on le comprend. Un homme actif comme le P. Callens ne pouvait trouver dans la vie monotone des religieux une occupation suffisante. Sans négliger ni la résidence, ni la régularité, ni le ministère, il aimait trop ses frères et son Dieu pour ne pas songer au bien-être matériel des religieux et à la décoration de la maison du Seigneur. Des changements heureux transformèrent le couvent; une vaste bibliothèque et quelques cellules y furent ajoutées; la collection très remarquable des ouvrages qui composaient la bibliothèque fut complétée, les volumes classés avec toute l'attention qu'y eût mis un bibliophile. Puis on entreprit la restauration de l'église, bâtie au treizième siècle, mais qui depuis lors avait subi des remaniements regrettables. Le chœur remis dans son état primitif, l'abside monumentale percée de sept immenses fenêtres décorées de vitraux, les stalles des religieux, le pavement, le maître-autel; puis, dans la nef et les chapelles adjacentes, les fenêtres qui avaient été bouchées rouvertes à la lumière, divers meubles dont un Chemin de la Croix des plus artistiques, restent comme témoignage de l'ardeur qu'il mit à ce travail.

En 1881, le terme de son second Priorat ramène le Père à son couvent de Louvain et à son office de Procureur. On achevait alors ce qu'on avait commencé huit ans plus tôt. Nouvelles démarches, nouvelles sollicitudes, nouveau labeur et nouveau succès. Six mois après son retour à Louvain, le Père venait de congédier le dernier ouvrier, et entrant à la salle où la récréation nous réunissait, il s'écriait triomphant : « C'est fini ; jouissons de notre beau couvent, il est terminé ! »

C'est à ce moment que le Père commença à composer en flamand la vie de notre Bienheureux Père saint Dominique. Depuis longtemps on avait remarqué que le riche idiome des Flandres avait sur ses lèvres et sous sa plume une élégance particulière. Dès avant son admission à l'Ordre, âgé de dix-sept ans, il avait remporté un prix de littérature flamande dans un concours général entre tous les collèges de Belgique. Souvent nous l'avions pressé de mettre la main à une œuvre qui eût rendu populaire dans nos contrées notre saint fondateur.

Mais l'obéissance ne lui laissa pas le loisir de mener à bien cette entreprise. Il fut chargé par l'estime et la confiance du T. R. P. Boudewyn, alors Provincial, d'une affaire plus importante, celle de fonder un couvent à Ostende.

Je me souviendrai toujours de ce matin du 4 mai 1882, où le Père nous quitta Après avoir célébré la sainte messe, faisant allusion à l'évangile du fils de la veuve de Naïm qu'on lit à la fête de sainte Monique, il me dit à l'oreille : « *Efferebatur filius unicus...* on m'emporte comme un mort de mon couvent de filiation. »—« Soit, lui répondis-je, mais à la porte vous rencontrerez Notre-Seigneur qui vous ressuscitera. » — « Non, dit-il avec une conviction qui me frappa, non, je mourrai là-bas à la tâche ! »

Malgré ces appréhensions que lui suggérait son état maladif, il se mit de grand cœur à cette tâche particulièrement lourde à raison des circonstances où elle était imposée ; il s'agissait en effet de reprendre, sur l'ordre du Saint-Siège, une position un instant abandonnée. Avec cette habileté aux affaires qu'il avait tant de fois montrée, il sut déjouer des ruses intéressées et acquérir immédiatement les terrains nécessaires. Le 4 août, on posait la première pierre des constructions, et, quatorze mois après, on avait bâti, outre le couvent, une église qui est un vrai monument, « une des plus belles constructions ogivales élevées en Belgique depuis un quart de siècle, » d'après des juges compétents. Ceux-ci apprécient la largeur des proportions, l'harmonie des lignes, la valeur des matériaux, la perfection de la mise en œuvre, autant que le commun des visiteurs admire la richesse de l'ameublement, l'éclat des verrières, les ornements sacerdotaux et les vases sacrés : « Souvenez-vous, répétait souvent le Père aux artistes chargés des plans, en leur renvoyant parfois des dessins trop peu soignés à son goût, souvenez-vous que vous travaillez pour la demeure du Roi des rois ; rien ne saurait être trop beau pour lui. »

Cependant, à Ostende comme à Tirlemont, le P. Callens était parvenu promptement à conquérir l'estime, la sympathie et l'affection de tous. Mis par ses travaux en rapports quotidiens avec des hommes de toutes les classes, il parvint à les charmer tous. On vit des personnages, peu favorables d'ordinaire au clergé, lui prêter publiquement leur appui ; les amis l'accueillaient et le consultaient avec la plus entière confiance, et au besoin l'aidaient largement ; les pauvres le voyaient bienveillant et charitable, autant que perspicace à dépister leurs petites manœuvres ;

les ouvriers le savaient généreux, tout en sentant bien qu'il fallait être exact et ne pas perdre le temps sous son œil vigilant.

Le couvent terminé, on le nomma Prieur de la nouvelle communauté. Il voulut établir dès le premier instant la régularité de l'office divin et toutes les coutumes de l'Ordre. Il soignait en même temps les intérêts des âmes : appelé plus d'une fois au chevet de moribonds dont la vie avait été peu fervente, il parvint à les ramener au plus édifiant repentir. Fallait-il administrer les sacrements ou même aider les malades, on le voyait prendre sur lui d'avertir le clergé et parcourir les rues d'un pas rapide, même de nuit, pour chercher les secours nécessaires.

Les visites fréquentes que faisait le Père aux familles pauvres lui révélèrent une des plus poignantes misères de la population ostendaise. Les accidents de mer font chaque année un nombre relativement considérable de victimes parmi les pêcheurs, et les orphelins, privés de leurs pères, se perdent souvent, faute de soins, de surveillance et d'éducation. Le Père résolut de fonder un asile pour recueillir ces pauvres enfants et leur procurer, avec les bienfaits de l'éducation chrétienne, l'apprentissage d'une profession utile. On conçoit les peines, les fatigues que devait lui imposer une pareille entreprise ; mais, comme d'habitude, cette considération, au lieu de l'arrêter, ne fit que stimuler davantage son zèle et sa charité.

Ouvrir un abri provisoire, y rassembler quelques enfants, puis se procurer un vaste terrain en dehors de la ville, à quelques cents mètres de la mer : ce fut l'affaire de quelques semaines. Mais l'œuvre devint trop absorbante ; le Père résigna sa charge de Prieur, et obtint de se consacrer uniquement à ses intéressants protégés.

Libre alors d'autres soucis, il commença par arrêter son plan d'ensemble. On bâtirait d'abord le local des petits orphelins que l'on admettrait à partir de six ans pour les former plus aisément ; puis on y ajouterait le quartier du directeur et un couvent de Dominicaines chargées de soigner ces enfants ; ensuite on élèverait au centre des constructions la chapelle de l'établissement ; plus tard, on compléterait l'ensemble en disposant un quartier pour les orphelins de douze à vingt ans, avec des ateliers où ils pourraient faire leur apprentissage : le tout suffirait à héberger trois cents personnes.

En moins de deux ans, la moitié du programme était réalisée : vastes salles et dortoirs, logement du directeur, couvent, étables et basse-cour, demeure du concierge, mur d'enceinte autour d'un enclos de trois hectares étaient achevés ; la chapelle était couverte déjà et l'on en fermait les voûtes..... quand Dieu arrêta soudain cette activité dévorante et dit à son serviteur : « Laisse tout là, et viens à moi. »

Le sacrifice fut fait avec la même générosité que les œuvres.

C'était le vendredi 19 octobre ; le Père, en sortant d'une visite à ses Frères du couvent, où il ne manquait pas de revenir chaque jour, se sentit sous le poids d'un accablement qui l'inquiéta. Il prit le parti du repos... pour un jour, croyait-il. Le lendemain et le surlendemain la maladie se déclara, mais sans être encore d'une extrême gravité ; c'était une fluxion de poitrine. Cependant le Père avait déjà le pressentiment de sa fin prochaine.

Le lundi, au moment de la méditation du matin, le T. R. P. Hiertz, Prieur du couvent, rentré la veille de prédication, se sent intérieurement porté à l'aller voir ; il court à l'orphelinat, et trouve son ami dans un accablement extrême, mais calme, résigné, demandant les sacrements, et occupé à régler les détails de ses affaires.

A partir de ce moment jusqu'à la fin, le Père s'occupa de ce soin et de son âme avec une lucidité d'esprit, une résignation, un calme étonnants. Tout fut arrangé et prévu. Le R. P. Prieur et un ami écrivaient sous sa dictée les renseignements et les chiffres, comme s'il se fut agi d'un compte ordinaire. Le Père interrompait quelquefois pour se recueillir, implorer à haute voix le pardon de Dieu sur ses fautes et renouveler son sacrifice. Il n'oublia aucun de ses parents, de ses bienfaiteurs, de ses amis dans les adieux qu'il dicta. Puis il fit appeler successivement ses coopérateurs, les sœurs, les orphelins, les entrepreneurs, les ouvriers, les serviteurs de l'orphelinat, et eut un avis et un mot de consolation pour chacun. Comment dire ce que furent de tels adieux ? On imagine le déchirement d'un cœur si aimant ; et néanmoins son âme détachée de ce monde par l'esprit de foi demeurait dans une telle paix, qu'il disait un instant après à la sœur qui le veillait : «Ah! je n'aurais jamais cru qu'il fut si doux de mourir ! »

Le mardi 23, on vit aisément que le malade ne passerait

pas la journée ; on résolut de lui administrer l'extrême-
onction qu'il avait demandée à plusieurs reprises. Après
cette cérémonie, le mourant réclama encore l'absolution
générale, et comme l'émotion troublait le Père qui devait
en chercher la formule, il désigna le rayon de sa bibliothèque où l'on trouverait le *Processionnal* de l'Ordre, et
feuilletant lui-même le livre : « Voilà, dit-il ! » A partir de
ce moment il ne parle plus que pour renouveler son sacrifice et ses actes de piété : « Je meurs volontiers... J'accepte
la mort pour satisfaire à la justice de Dieu, et pour le bien
de l'Orphelinat. La divine Providence, qui m'a toujours si
admirablement assisté, protégera l'Orphelinat.. Mon Dieu,
je vous l'abandonne!... *Domine, in manus tuas commendo
spiritum meum !*

Vers dix heures du soir, le T. R. P. Hiertz était près de
lui récitant le *Salve Regina ;* au moment où il arrivait à
ces paroles : « O vous qui êtes notre avocate,... après cet
exil, montrez-nous Jésus, le fruit béni de vos entrailles, »
le Père Callens pressa doucement la main de son Prieur,
montrant qu'il s'unissait à cette admirable prière, et ren-
dit sa belle âme à Dieu.

Nul ne pourrait dépeindre la douleur de tous lorsqu'on
apprit cette mort. Des milliers de personnes accoururent à
l'Orphelinat pour voir encore une fois ses traits, son sou-
rire dans le calme de la mort.

Les funérailles furent un deuil public. Ceux qui en ont
été les témoins avouent n'avoir jamais vu un aussi déchi-
rant spectacle. La foule envahissait la vaste église des
Pères et stationnait aux abords plus nombreuse encore.
Sur toutes les lèvres était l'éloge du défunt, dans bien des
yeux les larmes de la douleur et de la reconnaissance.

Après la messe chantée par le T. R. P. Lucq, Provincial
de Belgique, et l'absoute donnée par le T. R. P. Prieur,
un immense cortège conduisit au cimetière la dépouille
du défunt. Les ouvriers se relayant la portaient à bras, les
frères du défunt et l'Orphelinat suivaient en pleurant. Aux
portes de la ville, un des amis les plus fidèles de l'Œuvre
prit par la main un de ces pauvres petits doublement orphelins ce jour-là, et voulut prononcer quelques paroles ;
mais, suffoquée par les sanglots, sa voix ne réussit qu'à
provoquer les larmes de la foule. Longtemps on visita la
tombe : chacun voulait y jeter un dernier regard et rendre
encore un hommage aux mérites de cet homme de Dieu.

Nous sera-t-il permis de déposer nous aussi sur cette tombe une larme fraternelle ? Ami et confident, dès les premiers jours de notre vie religieuse, de cette âme privilégiée, nous avons pu en étudier tous les replis, en suivre tous les développements, en admirer tous les trésors. C'est dans le secret de l'intimité qu'on reconnait mieux la délicatesse et la discrétion, la conscience et la tendresse, l'oubli de soi-même et la fidélité : vertus modestes qui font le charme caché de la vie auprès de tels cœurs. Si les grandes œuvres en sont l'éclat extérieur, ces qualités en sont la saveur intime : nous avons été à même de la goûter, et bien d'autres comme nous. Non, cela ne s'effacera pas de notre souvenir, et notre cœur en restera touché et reconnaissant. Dieu soit béni de nous avoir fait rencontrer cette sainte et réconfortante affection !

Fr. Raymond Biolley,
des Fr.-Pr.

PARIS. — IMP. V. GOUPY ET JOURDAN, RUE DE RENNES, 71.